Jannat elchisi

Isomiddinova Farahnoz

© Isomiddinova Farahnoz
Jannat Elchisi
by: Isomiddinova Farahnoz
Edition: April '2024
Publisher:
Taemeer Publications LLC (Michigan, USA / Hyderabad, India)

© **Isomiddinova Farahnoz**

Book	:	Jannat Elchisi
Author	:	Isomiddinova Farahnoz
Publisher	:	Taemeer Publications
Year	:	'2024
Pages	:	76
Title Design	:	*Taemeer Web Design*

MUALLIFDAN SÒZ BOSHI

Salom, qadrli ushbu kitob o'quvchisi! Men bu kitob muallifi Farahnozman. Ushbu ilk kitobimni o'qiyotganingizdan juda xursandman. Shu kitobni o'qishingizdan oldin shu muqovasini oxirigacha o'qishingizni iltimos qilgan bo'lar edim...
Men ushbu ilk kitobimni beg'uborim, munisim, yagonam onamga bag'ishlayman. Chunki onam meni shu darajagacha kelishimga sababchi bo'lganlar. Men ilk bor she'r yozishni boshlaganimda birinchi marta onam meni qo'llab-quvvatlaganlar. Mening eng yaxshi shoira bo'lishimga faqatgina onam ishonganlar. O'zgalar she'rlarimni yomonlashardi. Albatta avvaliga mening she'rlarim unchalik mukammal emasdi. Chunki men she'r yozishni ikkinchi sinf bo'lgan paytim boshlaganman. Ammo onam mening xatolarimni aytardilar. Men kelajakda hali eng zo'r shoira bo'lishimga birinchi bo'lib onam ishontirganlar. Keyinchalik men ulg'aydim, katta bo'ldim. She'r yozish sirlarini yaxshiroq bila boshladim. Ana endi qarang, ilk kitobim chiqmoqda. Shu ilk kitobim chiqishini mendan ham ko'proq onam xohlagan. Mening orzuyim ilk kitobimda onamni ko'proq madh etsam, onam haqida she'rlar bo'lishini xohlardim. Qarangki niyatim holis ekan Allohim orzuyimga yetishishimni xohlabdi. Shu siz

o'qiydigan kitob avvalo onamning duolari ostida mashhur bo'ldi. Bu kitobni balki boshqa davlatdagi odamlar ham o'qishar. Balki shu kitob sababli mashhur bo'lib ketarman. Ammo bu she'rlar onamga bo'lgan mehrim tufayli paydo bo'lgani doimo yodimga keladi. Gar kitobim chiqsa ilk kitobimni onamning qo'llariga tutqazish niyatim bor. Men onamni juda yaxshi ko'raman. Balki kelajakda yana boshqa kitoblarim chiqar, lekin men aynan shu kitobimga boshqacha mehr qo'yaman. Chunki bu kitobda onam tasvirlangan...

ĜALATI BIR TUSH...

Tush ko'ribman, qo'rqib ketdim o'zimdan,
Yiroqlashib ketarmish hamma aytgan so'zimdan.
Qandayin tush erur bu bilolmay qoldim,
Ushbu tushdan ko'p o'rnak oldim.

Qarasam osmondaman, yig'lab yuribman,
Do'stlar kulgan narsadan yig'lab turibman.
Go'yo yonimda hech kim yo'qdir,
Menga otilgan narsa misoli o'qdir.

Qarindoshlar yuribdi bo'lib parvona,
Ammo meni ko'rmaslar, bo'ldim hayrona
Ammo bir zot keldi g'arib, yagona,
Hayratda qolib ketdim, misli afsona!!!

JANNAT ELCHISI-BETAKROR ONAM

Onam keldi, bir zum yonimga,
Jon kirdi bir zum, ajib jonimga.
Jannat eshiklari ochildi shu payt
Ijod etildi, sizga ko'p bir bayt.

Dunyoda bittasiz, tanho yagona,
Qalbimda betakror, axir bir dona.

Diydoringizga hech, topmam bahona,
Sizning tashrifingizdan, go'zal ostona.

Keling, o'tqizay, uyning to'riga,
Jar solaman hatto, yovuz bo'riga.
Issiq choy bilan, shirindir novvot,
Borligingizdan mamnundir hayot.

Kechalari tinmay, parvonadursiz,
Dunyodagi eng go'zal, shohonadursiz.
Maftunkordursiz, Jannatim onam,
Jannat muslimasi, sizdir yagonam.

ONAM QADRDONIM

Onam sirdoshimdir, ham mehribonim,
Dunyodagi eng zo'r, buyuk dostonim.
Eng chiroyli, ko'rkam, go'zal bo'stonim,
Onam qadrdonim, eng zo'r insonim.

Onam mehridan nur olgay dunyo,
Onam quvonchidan ravshandir go'yo.
Onam issiq quchog'i tush emas ro'yo,
Onam qadrdonim, eng zo'r insonim.

Onam muhabbati hech kimda yo'qdir,
Onam mehribondir, ko'nglim to'qdir.
Onani ranjitganni ko'ngli yo'qdir,

Onam qadrdonim, eng zo'r insonim.

Onam kulsin, hech ranjimasin,
Onam quvonsin, hech yig'lamasin.
Onam yuzlaridan nurlar taralsin,
Onam qadrdonim, eng zo'r insonim.

ONAJONIM

Jannat eshigin ochar,
Onajonim bor mening.
Bor mehrini sochar,
Mehribonim bor mening.

Farzandi deb yashaydi,
O'zini ham qiynaydi.
Farzand baxtin o'ylaydi,
Jonajonim bor mening.

Hech kimdan kam bo'lmasin,
Deya har kun ishlaydi.
Ko'p zahmatlar chekib,
Tinim bilmay ishlaydi.

Charchasa ham ba'zan,
Sezdirmaydi hech kimga.

Yonib turar ko'zlari,
Kulib turar yuzlari.

ONA SOG'INAR...

Go'zal ko'zlarniyu qalamqoshlarni,
Shirin so'zlarniyu mayin yuzlarni.
Shuningdek, barcha mehr nurlarni,
Ona sog'inadi, ona sog'inar.

Ko'rgisi kelar, to'ymaydi hech ham,
Aslo yig'lamasin, to'lmasin bir nam.
Xursand bo'lsin, shod yursin har dam,
Ona sog'inadi, ona sog'inar.

Uzoqda bo'lsak, bizga talpinar,
Bor mehrini hech ham ayamar.
Bizni asraydi misoli marmar,
Ona sog'inadi, ona sog'inar.

U ham xohlaydi, farzand baxtini,
U ham istaydi, shodlik taxtini.
U ham qilgandir go'zal axtini,
Ona sog'inadi, ona sog'inar.

ONANGIZNI ASRANG

Jannatga yo'l qidirmang,
Onangizni asrang.
Abaylang xuddi guldek,
Go'zal husniga qarang.

Issiq mehrda birinchi,
Dunyoga teng lahza quvonchi.
Sizga bir dunyo, bordir ishonchi,
Sizsiz, uning mehr suyanchi.

Ona Jannat kaliti,
Sofdir uning oq suti.
Bu Ollohning ne'mati,
Jannatning omonati.

Qadrli inson ona,
Yaraqlaydi ostona.
Dunyodagi yagona,
Beg'ubor, aziz ona.

ONA...

Tunlari uxlamay, meni o'ylagan,
Kunlari dard bilan kunni o'tkazgan.
Yemay, ichmay menga yedirgan,
Onajonim onajon, mehribonim jonajon.

Dardkashimsiz, g'amxorim onam,

Gar kelsangiz, porlar ostonam.
Dunyodagi aziz, mening yagonam,
Go'zal, maftunkor, beg'ubor onam.

Ona, taftingiz issiqdir doim,
So'zlari shirin, qalbi muloyim.
Dunyoda beg'ubor, go'zal jiloyim,
Eng aziz insonim, bu mening oyim.

Onam xuddi to'lin oy kabi,
Qalamqosh ko'z, g'unchadek labi.
Beg'ubor inson, beozorginam,
Mehribon, munis, jilokorginam.

JANNATIM ONAM

Jannat eshigin ochar, beg'ubor onam,
Siz kelsangiz har, porlar ostonam.
Dunyodagi aziz, bitta yagonam,
Munisim, mo'tabar, betakror onam.

Jamolingizdan mahliyodir ko'z,
Mehribonligingizdan topolmayman so'z.
Jilokordursiz, buni bilaman,
Xudo xohlasa, xursand qilaman.

Jannat kaliti, go'zal farishtam,

Uyning fayzidursiz, ajib sarishtam.
Baxtimiz o'ylaysiz, har ertayu kech,
Yoddan chiqarmasman, yaxshiligiz hech.

Doim sirdoshimsiz, bag'ri bahorim,
Barvaqt uyg'onar, xursand nahorim.
Chaqnaydi ko'zlar, ko'rganim zahot,
Dunyoda bitta, betakror nahot.

ONAM ,SIZNI ALISHMAYMAN

Garchi do'stlar qilsa xiyonat,
Onam meni bilar omonat.
Garchi men uchun bo'lsa ham sarson,
Yetaklaydi doim yaxshilik tomon.

Agar tilla zar qo'ysangiz sochib,
Kulib turadi jamolin ochib.
Aslo men sizni alishmayman,
Onajon sizni alishmayman.

Bu dunyoda bevafo qancha,
Sizni kim suyar ayting mancha.
Tinmayin yig'layman ochiq mehrizga,
Sehrlanib qoldim ajib sehrizga.

Qalbim quvonar ko'rganim zahot,

Bergan mehringiz boʻlgan menga yot.
Yagonamdursiz, goʻzal farishtam,
Uyimiz toʻridagi ajib sarishtam.

HAYOTIM BAHORI

Qancha-qancha insonlar yonimda yurar,
Shon-shuhratim uchun jilmayib turar.
Yiqilsam pismayib davrini surar,
Ishim tushsa gar yuzini burar.

Ammo ishonganim borligʻim kelar,
Koʻzimdan yosh oqsa yonimda yelar.
Doim yonimdadir dardkashim gʻamxor,
Qiyinchilik kelsa qochar doʻstu yor.

Onam kulib turar koʻtarar koʻnglim,
Har qarashiga yonadi dilim.
Mehr bersa gar charaqlaydi nur,
Goʻzal husnidan olaman huzur.

Qandayin zotdir hayron qolaman,
Goʻzal husnidan mehr olaman.
Undan olgan mehr qalbga solaman,
Ne qilay axir hali bolaman.

YAGONA ONAM ...

Kechalari bedor tunlari oʻtib,
Dard cheksa, qalbiga yutib.
Katta boʻlishimni intizor kutib,
Boshimda parvona, yagona onam.

Bolam kam boʻlmasin, oʻqisin deya,
Doim oʻzinmas, gʻamimni yeya.
Doim yonimdadir, misoli soya,
Sizdakasi yoʻq, birdona onam.

Sizsiz bu dunyo qorongʻu goʻyo,
Onamligingiz tush emas roʻyo.
Goʻzal husnizga menman mahliyo,
Misli asarsiz, durdona onam.

Sizla orzularim toʻlib ketgandir,
Bu kichik boshim osmonga yetgandir.
Sizni koʻrsam gʻamlar ketgandir,
Mehringiz goʻzal, mehribon onam.

ONAGINAM

Beshigim tebratib, uxlamadi hech,
Tunlari uxlamas, boʻlsa hamki kech.
Kulgichin koʻrsatib, dilim qilar xush,

Hayratla boqar, hatto kichik qush.

Ilk yurish paytim, yonimda turdi,
Kasal chogʻimda yelib yugurdi.
Barcha armon, ziyonni qalbiga urdi,
Katta boʻlganim sayin davrini surdi.

Nechuk zotdir, bilmay qolaman,
Bergan mehrlaridan huzur olaman.
Katta boʻlsam ham misli bolaman,
Xotiralarni dilga solaman.

Yemay yedirar, kiymay kiydirar,
Xursand qilmasam qalbim chirqirar.
Sovgʻalar beray, qalbin xush etay,
Xudo xohlasa Hajga olib ketay.

FARISHTAM

Ilk maktab chogʻi ushladi qoʻlim,
Shu on quvnadi, gʻarib bu dilim.
Oʻrgatib maktab kichik sabogʻin,
Birga aylandik bilim bogʻin.

Onam faqat menla birgadir,
Onam tufayli oʻrgandim qadr.
Onam yagonam, goʻzal farishtam,

Yelib yugurar g'smxor sarishtam.

Gar quvonsa dunyo qolar lol,
Berar mehrini bizga bemalol.
Onamdagi bu chiroy hech kimda yo'qdir,
Onam qadrdonimdir, ko'nglim to'qdir.

She'rlarim so'zlasam, dili yayraydi,
Jamolin ko'rib hatto, bulbul sayraydi.
Nima bo'lsa ham onam betakror,
So'zlari shirin, misli jilokor.

ONAJON

Ko'zlari munchog'im, qalbi hilolim,
Baxti bahorim, so'zi zilolim.
Maftunman husnizga, go'zal onajon,
Baxtimga doimo bo'ling sog'-omon.

Qanchayin mehribon, qancha mahbubsiz,
Men uchun hatto oydin g'urubsiz.
Onajon dunyoda yagonamdursiz,
Hech kim topa olmagan durdonamdursiz.

Yuzingiz kulsa, dunyo nur olar,
Mehr bersangiz, dunyo lol qolar.
Barcha ziyonni qalbiga solar,
Aytgan so'zidan shirin bol tolar.

Doim sog' bo'ling, dard chekmang aslo,
Hech ko'rmangiz, ming bir dard, balo.
Onajonginam chiroyiz go'zal,
Aytgan so'zingiz misoli asal

JANNATIM!!!

Shirin so'z aytib, qalbini ochar,
Bolasi uchun mehrini sochar.
Jannatim onam, beg'ubor onam,
Siz kelsangiz gar, porlar ostonam.

Shirin so'z aytsa, qalbim quvnaydi,
Ko'rmasam gar, qalbim qilsaydi.
Yig'isin eshitsam, qalbim vayrona,
Misli bittadir, bitta durdona.

Chiroy ochadi, misli gul kabi,
Juda nozikdir, shirindir ta'bi.
Latifa aytsam, kuladi labi,
Onam bittadir, farishta kabi.

Hanuz hayratdaman, berar mehrini,
Sezib qolaman, mehr sehrini.
Go'zalim onam, misli durdonam,
Nur olar hatto g'arib koshonam.

G'AMXO'RIM...

Atrofingizda menman parvona,
Hurmat qilaman, beg'ubor ona.
Chekkan oziriz unutmayman hech,
Qo'rqib yuraman, qolmay deyman kech

Yagonam onam, munisim onam,
Sizdakasi yo'q, sizsiz shohonam.
Qalbim farishtasi, yagonam onam,
Sizni ko'rsam gar jivirlar tanam.

Baxtimiz o'ylab, doim o'ydasiz,
Qiziqaman doim, qaysi so'ydasiz.
Sizsiz g'amxorim, sizsiz mehribon,
Chorlamoqdasiz yaxshilik tomon.

Go'zal husnizga mahliyoman doim,
Sizsiz go'zalim mehrga boyim.
Chiroyin ochsa, uzmasman ko'zim,
Maftunman doim topmayman so'z.

JILOKORIM

Hayotim bahori, qalbim egasi,

Go'zal mehrlar chin egasi.
Qanday jilokor, qanday maftunkor,
Mehr to'lgandir, juda beg'ubor.

G'amlar qalbizdan yiroqlashsin deb,
Doimo yig'lab, g'amimizni yeb.
Mehringiz ila qalbga boqasiz,
Ne qilay ona, dilga yoqasiz.

Jilokorim onam, beg'ubor onam,
Dunyoda birsiz, tanho yagonam.
Qarab to'ymayman, husnizga zorman,
Aybsizman go'yo, misoli qorman.

Bu husningizdan nur yog'ilar ko'p,
Mehringiz ko'pdir, berasiz ho'p.
Jilokorimsiz, baxtim bahori,
Sovuq bo'lmaydi qishning qori.

KO'ZIM QORAGINASI

Ko'zim qoraginasi, so'zim shaydosi,
Jiloyingiz ko'p qalbim paydosi.
Onajonginam, beg'uborginam.
Yagonamdursiz qadrdonginam.

Nechun qalbga shifo, mehr-muhabbat,
Cheksiz mehrni men, onadan ko'rdim faqat.

Ba'zilarda yo'q, bir-biriga shafqat,
Ko'ngillarni o'yar qilar jarohat.

Onam mehrini berolmas hech kim,
Mehnatdadir doim olmaydi tinim.
Yordam so'rasam hamma bo'lar jim,
Jilo qidirsang, jilo limolim.

Hech ranjimaydi bolalaridan,
Ko'zi chaqnaydi lolalaridan.
Eh, onajonim, beg'uborginam,
G'amimni yeydi, eh, g'amxorginam.

QALBIM FARISHTASI

Alloh bergan yagona tuhfam,
Azob bermaydi bolalarga ham.
Duo qilarman, tommasin bir nam,
Barcha mehrlar unda bo'lgan jam.

Latofatlidir hayron qolaman,
Mehrini o'ylab o'yga tolaman.
Hali onamga sovg'a olaman,
Onajon uchun hali bolaman.

Asraydi doim, ko'zmunchog'im deb,
Tunlari uxlamas, g'amlarimni yeb.

Shunchalar g'amxor, bunchalar munis,
Taraladi undan ajib bir his.

Jannat ifori faqat undadir,
Onam ajoyib, rosti shundadir.
Qalbim farishtasi, beg'ubor onam,
U kelsa agar porloq ostonam.

ONAM...

Dardkashim, g'amxorim, munisim onam,
Dunyoda bittasiz, tanho yagonam.
Ziyokor do'st sochsa ming bor zahrini,
Ko'rsatmas hech ham g'azab, qahrini.

"Bo'ldi, bolam"-deb ovutar doim,
Juda go'zaldir, ajib guloyim.
Juda mehribon, mehrga boyim,
Bu albatta eng go'zal oyim.

Onam keladi jilosin ochib,
Yuzim silaydi mehrini sochib.
Matonatlidir, ko'zim lol, hayron,
Yig'lasa agar dilimdir vayron.

Oldingizga boraman, davo istab,
Quchog'ingizdan havo istab.
Faqat sizdan iltimos, talab,

Doimo kuling, porlasin bu lab.

BAHORIM

Latofatiga teng kelmaydi gul,
Uni koʻrsa gar, sayraydi bulbul.
Bahoriy ifor faqat sizdadir,
Barcha mehr ham siz bilan tatir.

Begʻuborginam, mehribon onam,
Dunyoda birsiz, sizsiz yagonam.
Qalbim nurisiz, porlar ostonam,
Sizdakasi yoʻq, oʻziz birdonam.

Hayotim bahorisiz, ajib va goʻzal,
Oʻziz betakrorginam, soʻzlari asal.
Qalbim boʻzlaydi, bir kun koʻrmasam,
Xotirjam boʻlmayman, holiz soʻrmasam.

Charchogʻim ketar, koʻrsam jamoliz,
Xohlayman yaxshi boʻlsin doim ahvoliz.
Osmonimda oysiz, porloq va toza,
Sizni yaxshi koʻraman, sizsiz ezoza.

HECH XAFA BOʻLMANG

Bilaman hayotda qiyinchilik bor,

Har kimning hayotida yog'averar qor.
Ammo yagonam onam,
Bo'lar go'zal koshonam.

Sizni xafa ko'rsam, qalbim bo'zlaydi,
Hech gapirmagan tilim g'amgin so'zlaydi.
Hech xafa bo'lmang, chiday olmayman,
Bu beshafqat dunyoda boshqa qolmayman.

Dilingiz og'ritsa dushman, yoronlar,
Keltiraman boshiga katta bo'ronlar.
Hech xafa bo'lmang bardoshim yo'qdir,
Hammadan ham go'zalsiz, ko'nglim to'qdir.

Zahrin sochsa, ishongan inson,
Bilingki ko'ngildan topmaydi makon.
Siz uchun o'ylamay beradurman jon,
Onam ekanligingiz bo'lar sharaf-shon.

MEHRIBONIM-ONAJONIM

Sizdaka mehribonni topolmadim dunyoda,
Sizdakasi yo'qdir, siz hammadan ziyoda.
Mehribonginam beg'ubor onam,
Bu tashrifizdan porlar ostonam.

Qalbim hayajonlanar, ko'rganim zahot,
Siz aytgan har so'z men uchun bayot.

Qalbim farishtasi, sizla bor hayot,
Har aytgan so'zingiz menga bo'lgan yot.

Siz bo'lmasangiz agar, dunyo bo'lar tor,
Sizsiz tashlab ketar, ishongan do'st, yor.
Bilaman, bu dunyoda dushmanlar bor,
Ne bo'lsa ham sizga bo'ladurman zor.

Mehribonginam, farishtam onam,
Sizdakasi yo'q, o'ziz yagonam.
Tunlari uyqu yo'q, sizsiz hamxonam,
Sizni yaxshi ko'raman, farishtam onam.

QADRDONGINAM ONAM

Qadringiz bilinadi, bo'lmasangiz gar,
Siz bo'lmasangiz, tatimas safar.
O'ziz birdonam qadrdon onam,
Sizla bo'lsam gar, porlar ostonam.

Siz bo'lmasangiz bahor bo'lar qish,
Ko'rmangiz deyman hayotda tashvish.
Sizni ko'rsam gar qalbim quvnaydi,
Bog'imda bulbul xushxon sayraydi.

Kam qilmadingiz boy bolasidan,
O'sib turgan bog' kichik lolasidan.
O'zingiz dursiz, misoli gavhar,

Sizga teng kelmas dunyodagi zar.

Porloq quyoshim, osmonda oyim,
O'ziz g'amxorim, mehrga boyim.
Sizsiz tatimas, bir piyola choyim,
Siz bo'lmasangiz, topmasman joyim.

TENGSIZSIZ ONA...

Ko'p odamlarni ko'rdim, ko'p bevafoni,
Ko'p insonlardan ko'rdim jabru jafoni.
Ammo yonimda bo'ldiz, yagonam onam,
Siz kelsangiz porlaydi, g'arib koshonam.

Qalbimda doim sizsiz, unutmoq qiyin,
Sog'inaman ko'rmasam o'ylagan sayin.
Siz bo'lsangiz shamollar esadi mayin,
Sizdan ayrilish azob, juda ham qiyin.

Kimdir mol-davlat uchun bir-birin sotar,
Bevafolarni ko'rib yuragim qotar.
Ne bo'lsa ham qalbimda mehringiz yotar,
Do'stlar yiqitish uchun ming bir o'q otar.

Faqat yonimda sizsiz, boshqasi armon,
Nahotki qolmadi hech kimda iymon.
Azoblarga hech qachon topmasman darmon,

Siz uchun o'laman, beradurman jon.

EH, ONALAR

Bu beshafqat dunyolar besh kunlik asli,
Bilamizki onalar, mehrning fasli.
Onalarning quchog'i mehrga boydir,
Onalar go'zal hisni misoli oydir.

Eh, onalar nega bundaysiz?
Juda go'zalsiz, misli guldaysiz.
Mehringizdan bu dunyo oladi ko'p nur,
Issiq quchog'izdan olamiz huzur.

Omadimiz kelmasa, do'stlar yuz bursa,
Ortimdan ish qilib kerilib yursa.
Darmonimiz bo'lasiz, boshimiz silab,
Alloh taolodan darmonlar tilab.

Qo'llaringiz ochib, ma'yus boqasiz,
Sovuq yesak ba'zida, gulxan yoqasiz.
Sizdaka zot yo'q, tengsizsiz ona,
Mehringiz ummoniga bo'laman ravona.

ONAJONGINAM

Go'zal ko'zlariz ila mahzun boqasiz,
Sovib ketgan bu dilga mehr yoqasiz.
"Balli qizim" deganiz yurakni yoqar,
Boshqani ko'rmay ko'zim yuzizga boqar.

Onajonginam mening, Jannatim onam,
Sizdaka inson yo'qdir, sizsiz yagonam.
Qadam qo'ysangiz agar, porlar koshonam,
Dunyoda birsiz, o'ziz birdonam.

Umr o'taverar misoli daryo,
Bir yillik umr bir kundek go'yo.
Shu besh kunlik dunyoda asrayin sizni,
Xatoyim bo'lsa, kechiring nodon qizni.

Hademay oqaribdi, uzun sochlariz,
Xor qilmayin deyman, qora sochlariz.
Sizni yaxshi ko'raman, unutmang buni,
Siz yagonamdursiz, eslang shuni.

YAGONAM

Avvalo sizga ta'zim etgayman,
Sizni rozi qilsam gar, orzuyimga yetgayman.
Hammadan mehribonim, Jannatim onam,
Sizsiz yagonam, go'zal hamxonam.

Dars qilayotgan bo'lsam, tushunmay qolsam,

Mayda qadamlar bilan ishingiz olsam.
Beg'uborimsiz, mehribon o'ziz,
Dilga yoqadi har aytgan so'ziz.

Ilk ustozimsiz, ko'zlari chaqnoq,
Juda go'zalsiz, yuziz yaltiroq.
Qo'limdan tutib, o'rgatdiz ilm,
Sizda mujassam barcha bu bilim.

Qanday go'zalsiz, buncha maftunkor,
Teng kela olmas bilgan do'stu yor.
Onajonginam, mehribon onam,
O'ziz bittasiz, tanho yagonam.

DARDKASHIM ONAM

Do'st deb yurganim bo'ldiku dushman,
Mana endi azobda bo'zlab yuribman.
Lekin shu onda keladi onam,
Tunu kun bo'ladi boshda parvonam.

Hamma ustimdan kular, chala shoir deb,
Shu on o'yga tolaman, ko'p o'zimni yeb.
Mana o'sha zamonda onam keladi,
Meni yupatish uchun doim yeladi.

Doim barvaqt turadi, qiladi mehnat,
Qayerdan bu matonat, hayronman faqat.

Mehrining cheki yo'q, juda mehribon,
Doimo tayyordirman, beradurman jon.

Qalbi tozaginamsiz, misoli shaffof,
So'zlari shiringinam, so'zi erur sof.
Qalbimning farishtasi, beg'ubor onam,
Qalblarga yo'l topadi, udir yagonam.

MAFTUNKOR ONAM

Chiroyiga hayratda go'zal gulzorlar,
Lol qolib ketar hatto, shirin bahorlar.
Garchi xiyonat qilsa bu do'stu yorlar,
Yagonam, onam meni mehrla chorlar.

Qalbim farishtasi, koshonam nuri,
Yaxshi ko'rinar ekan qalbim huzuri.
Boshimga xiyonat toshin otdilar,
Yomon ish qilib, gunohlarga botdilar.

Ammo do'stdan a'lo insonim bordir,
Yaxshi-yomon kunimda yonimda yordir.
Onam ajoyib inson, hammadan go'zal,
Doim ko'ngli ochiqdir, so'zlari asal.

Bu go'zal husningizga doim maftunman,
Bir og'iz so'z aytolmay, doim mahzunman.
Sizni yaxshi ko'raman, ey beg'uborim,

Sizga teng kela olmas, ming do'stu yorim.

SERJILO ONAM

Qalbi toza insonim, so'zlari asal,
Bersa agar mehrini bo'lmasman kasal.
Yuzlaridan nur yog'ar, serjilo onam,
Gar kelsangiz nur olar g'arib koshonam.

Qalbimda birsiz, tanho yagonam,
Sizdakasi yo'qdir, sizsiz birdonam.
Baxtimga sog' bo'ling, quvnang takror,
Tilarman omad, sizga bo'lsin yor.

Jiloyingizdan quyosh xijolat,
Mehr berishiz, ajib bir holat.
Mo'tabar onam, munisim onam,
Siz boshqachasiz, boshda parvonam.

Qadri baland insonim, so'zi muloyim,
Siz bo'lgaysiz osmonda misoli oyim.
Siz bo'lgan joy sevimli joyim,
Juda mehribon, mehrga boyim.

ONAM

Onajonim bilan orzular bisyor,

Tilarman ushalsin takror-batakror.
Qalbim durisiz, mehribonginam,
Sizni ko'rsam gar, quvnar qalbim ham.

Ko'rmayin deyman ko'zlarida nam,
Barcha bor mehr sizda mujassam.
Yedirdiz, o'qitdiz, qilmadingiz kam,
So'zlasez agar, hayratda men ham.

Durdonam o'ziz, yagonam o'ziz,
Dilga yoqadi, bu shirin so'ziz.
Mehribonginam, farishtam onam,
Qadam qo'ysangiz, porlar ostonam.

Bahorim o'ziz, asaldek so'ziz,
Chaqnaydi doim beg'ubor ko'ziz.
Beg'uborginam siz mening onam,
Siz bittasiz, tanho yagonam.

QALBIM NURI

Qalbim nurisiz, bag'rim huzuri,
O'ziz bittasiz, yaltiroq duri.
Jannatim onam, beg'ubor onam,
Charaqlaydi zo'r, oddiy ostonam.

Qalbim azoblarin o'chiring ona,
Menga mehr suvin ichiring ona.

Aybim bo'lsa meni kechiring ona,
Baxt qushin go'zal uchiring ona.

Oyog'ingiz ostida kichik Jannatim,
Bahosi yo'qsiz, mening davlatim.
O'chirasiz doim kichik zulmatim,
Yo'q qilgaysiz, kuchli nafratim

Teng kela olmas, manman degan zot,
Har o'gitingiz menga bo'lgan yot.
Jar solgayman mehringiz ko'rib,
Shod etgayman, yonizga borib.

YOLG'IZGINAM

Dardimni tushunmas, o'zizdan o'zga,
Kimdirlar zordir, bir og'iz so'zga.
Qalbimga g'ulg'ula solsa yovuzlar,
Zerikarli tuyiladi beg'ubor kuzlar

Ammo yolg'izginam, yodimga tushar,
Shirin ovozidan maftun bo'lar.
Dardkashim onam, sizsiz farishtam,
Sizdakasi yo'q, o'ziz sarishtam.

Garchi bevafolar yig'latishsa zor,
Ishonganim meni, munisginam bor.
Qalbim to'rida bittadir onam,

Juda mehribon, udir yagonam.

Ovutadi doim "yig'lamagin" deb,
Tashvishimiz o'ylab, doim o'zin yeb.
Qalbini ochar, mehrini sochar.
Tashakkur aytsez, uyalib qochar.

ONAJONIM

Deyishadi ona do'st bo'lar qizga,
Bu so'z rost ekan, aytsam gar sizga.
Tashakkur sizga munisim onam,
Ishladiz doim qilmadingiz kam.

Charchasa ham gar, hech bildirmasdi,
Hech kimda yo'qdir ziyonu qasdi.
"Bolaginam" deb qalbini ochar,
Juda mehribon, mehrini sochar.

Dardimga sherik, ko'rsatadi yo'l,
Yordam beradi uzatadi qo'l.
Xato qilsam gar urishmaydi,
Qo'lidan mehnat hech tushmaydi.

Jilokor juda, beg'uborginam,
Siz bilan shirin bu ozorginam.
Qalbim farishtasi, munisim onam,

Sizsiz birdonam, misli afsonam.

JANNATIM ONAM

Qalbingiz toza, misoli gavhar,
Mehringiz ko'rib ko'p solaman jar.
Beg'ubor, munis, hamda betakror,
Yuzingiz mayin, sizdir jilokor.

She'r yozsam gar, sizga atayman,
Hali Hajga olib ketayman.
Siz maftunkor, siz mehribonim,
Yaxshi ko'raman, ey onajonim.

Dardimni bilar, qalbim shod etar,
Shirin so'z ila dunyoga yetar.
Qahru g'azablar unda asli yo'q,
Mendan doimo ko'ngli bo'lgan to'q.

Jannatim onam, mening yagonam,
Sizla go'zaldir, g'arib koshonam.
Baxtimga bo'ling, doim sog'-omon,
Sizga fidodir, hatto shirin jon.

GO'ZALIM...

Bora-bora tushyapti sizga ko'zlarim,

Doimo sog'inardiz shirin so'zlarim.
Go'zal husningiz qoldiradi lol,
Shirin so'zlariz, misli go'zal bol.

Dardlarim tinglaysiz, davo topasiz,
Ayblarim bo'lsada tezda yopasiz.
Sirlarim aytsam gar, qilmaysiz oshkor,
Go'zalim sizsiz, o'ziz jilokor.

Nafas yetishmasa gar, o'ziz havoyim,
Qalbim qo'shiq xohlasa, go'zal navoyim.
O'zingizdan boshqasi bo'ladi yolg'on,
Azob chekaverib xohlaydi vijdon.

Qalbim sizsiz hech turolmaydi,
Qaniydi onalar abad bo'lsaydi.
Sizsiz qalbim halovat olmaydi,
Sizsiz bo'ladi qalbim daydi.

ONAJON

Kitoblar bitsam, muxlisim bo'ldiz,
Har bir she'rimni takror o'qidiz.
Ishonmasa gar qalbimga o'zga,
Qalbim ovunar, har shirin so'zga.

Muammolarim bilasiz yuzdan,
Xursand bo'lasiz, xazonli kuzdan.

Dardimni boshqa hech ham tushunmas,
Onamsiz o'tgan tunlar tunmas.

Dardimga doim izlaysiz davo,
Yomonlikni hech ko'rmaysiz ravo.
Siz hayotimga bo'ldizku havo,
Shirin so'zingiz ajib bir navo.

Dardim eshitib yig'laysiz yum-yum,
Go'yo bo'lganman azobga hukum.
Lek yonimda siz doimo borsiz,
Hayotimdagi go'zal bahorsiz.

DARDIM DARMONI

Yaqindamanmi balki yiroqda,
Qo'lin ochadi, garchi qirg'oqda.
Doim duodadir, so'raydi baxtim,
Onam qadam qo'ygan joy bo'ladi taxtim.

Qiyinchilik bo'lsa ham yoki osonlik,
Farzandi uchun bo'lar qurbonlik.
Vafoni istab, sizda topdim,
Go'zal ismingizni qalbimga yopdim.

Dard cheksam gar, tunlari bedor,
Juda go'zaldir, juda maftunkor.

Darmonim istab, olmaydi tinim,
Yana kim boʻlar, ayting qani kim.

Manman degani onamdek boʻlmas,
Xiyonat qoʻli, men uchun qoʻlmas.
Darmonim istab sizga boraman,
Endi farqi yoʻq, oqmi qoraman...

EY, ONAJONIM...

Osmondagi oy hayratla boqar,
Sovuq qotsam gar, mehrini yoqar.
Mehrini yozib varoq qolmadi,
Xiyonatkor doʻst kitob olmadi.

Hayotdan mamnunman, chunki onam bor,
Manaman deganlar onasiga zor.
Shukr qilgayman, bor mehribonim,
Onajon uchun fidodir jonim.

Qalbi nozikdir, oʻzi muloyim,
Onam boʻlgan joy, mening ham joyim.
Ey, onajonim, ey mehribonim,
Oʻziz ustozim, siz bilimdonim.

Sizdaka inson hech topolmadim,
Koʻrgan ozorlar dilga olmadim.

Yordam so'rasam hamma bo'lar jim,
Dunyo mehri mujassam, mehr limolim.

MESSENGER OF HEAVEN
(*English Translation*)

ISOMIDDINOVA FARAHNOZ

FOREWORD FROM THE AUTHOR

Hello, dear reader of this book! I am Farahnaz, the author of this book. I'm so glad you're reading my first book. Before reading this book, I would urge you to read it cover to cover...

I dedicate this first book to my innocent, virtuous, and only mother. Because my mother made me come to this point. When I first started writing poetry, my mother supported me for the first time. Only my mother believed that I would be the best poet. Others used to criticize my poems. Of course, at first my poems were not so perfect. Because I started writing poetry when I was in the second grade. But my mother used to tell me my mistakes. It was my mother who first convinced me that I would still be the best poet in the future. Later, I grew up. I began to know the secrets of writing poetry better. Look now, my first book is coming out. My mother wanted my first book to be published more than me. My dream is that in my first book, I would like to praise my mother more and have poems about my mother. See, my intention is clear, God wanted me to achieve my dream. The book you are reading first became popular under the blessings of my mother. People in other countries will read this book. Maybe I will become famous because of this book. But I always remember that these poems appeared because of my love for my mother. Whenever my book comes out, I intend to put my first book in my mother's hands. I love my mother very much. Maybe I will publish other books in the future, but I have a different love for this book. Because this book features my mother...

A strange dream...

I had a dream, I was afraid of myself,
I'm going to go away from what everyone said.
I don't know what kind of dream this is.
I learned a lot from this dream.

I'm in the sky, I'm crying
I am crying because of what my friends laughed at.
It's like there's no one around me
An example of something shot at me is a bullet.

Relatives are walking like a butterfly,
But they didn't see me, I was surprised
But a stranger came, the only one,
I was amazed, like a legend!!!

The ambassador of heaven is my unique mother
My mother came to me for a moment,
John entered for a moment, strange to my soul.
The gates of heaven were opened at that moment

It's created, thank you very much.

You are alone in the world, lonely and alone,
Unique in my heart, after all, one piece.
I can't find an excuse for you
From your visit, beautiful threshold.

Let's go to the net of the house,
I'll even curse the evil wolf.
It's sweet with hot tea,
Life is happy with your existence.

At night, you don't stop, you don't fly,
You are the most beautiful and royal in the world.
You are charming, my heavenly mother,
Paradise Muslim, I am the only one with you.

My dear mother

My mother is my confidant and my love,
My greatest epic in the world.
My most beautiful, handsome, beautiful girl,
My mother is my dearest, best person.

May the world receive light from my mother's love,
My mother seems to be bright with joy.
Mother's warm embrace is not a dream, but a dream.
My mother is my dearest, best person.

No one has my mother's love.
My mother is kind, my heart is full.
She doesn't mind hurting her mother.
My mother is my dearest, best person.

May my mother laugh, never be offended,
May my mother be happy and never cry.
Let the rays shine from my mother's face,
My mother is my dearest, best person.

My mother

Heaven opens its doors,
I have a mother.
She spreads her love
I have a lover.

She lives as his child,
She also tortures herself.
A child thinks of happiness,

I have a loved one.

Be second to none.
Deya works every day.
After a lot of work,
She works tirelessly.

Tired sometimes,
No one notices.
Burning eyes,
Laughing faces

Mother misses...

Beautiful eyes and eyebrows,
Sweet words and gentle faces.
And all the rays of love,
Mother misses, mother misses.

She wants to see, he can't get enough.
Don't cry at all, don't get wet.
Be happy, be happy always,
Mother misses, mother misses.

If we are far away, we will be asked,
She never spares her love.
An example of marble protects us,

Mother misses, mother misses.

She also wants the happiness of a child,
She also wants the throne of joy.
She also did a good deed.
Mother misses, mother misses

Save your mother

Don't look for a way to heaven
Save your mother.
Take care like a flower
Look at the beautiful image.

First in warm affection,
A moment's joy equal to the world.
You have a world, there is trust,
You are his loving support.

Mother is the key to Heaven,
Its white milk is pure.
This is a blessing from God.
Heaven's deposit.

Dear human mother,
Fits the threshold.
The only one in the world
Immaculate, dear mother.

Mother...

She thought of me without sleep at night,
She spent his days in pain.
She fed me without eating or drinking.
My mother is my mother, my loving mother.

My pain-free, caring mother,
If you come, the pores are on my doorstep.
Dearest in the world, my only one,
Beautiful, charming, flawless mother.

Mom, you are always warm
Her words are sweet, her heart is gentle.
My beauty, flawless in the world,
My dearest person, this is my month.

My mother is like a full moon
Pencil eyes, lips like a bud.
Immaculate person, innocent,
I'm kind, munis, polisher.

Mom, I can't get you
Although friends betray,
My mother knows me.
Wander though for me

It always leads to good.

If you throw a golden dice,
She laughs and opens her eyes.
I will never take you
Mom, I don't understand you.

How many unfaithful in this world,
Tell me who's chasing you.
I constantly cry for your open love,
I was enchanted by your magic.

My heart rejoices as soon as I see,
Lie down on me with your love.
You are the only one, my beautiful angel.
I'm a weird blonde in our house

The spring of my life

How many people walk next to me,
She was smiling for my glory.
If I fall, I'll be pissed off,
She turns his face away if I fail.

But what I believe is coming

Tears flow from my eyes and they eat by my side.
Always by my side, caring for my pain
When trouble comes, there is a friend who will run away.

My mother is laughing, cheering me up,
Every time I look at it, my tongue burns.
When you give love, the light shines,
I take pleasure in the beauty.

I wonder what kind of breed you are.
I get love from the beautiful face.
I cherish the love I received from him,
What can I do, I'm still a child.

My only mother...

After the sleepless nights,
If she is in pain, take it to her heart.
Waiting for me to grow up
I have a propeller in my head, my only mother.

I want my child to study
Always tireless, eat my sorrow.
Always with me, an example is the shadow,
You don't have one, only my mother.

The world is dark without you
Your motherhood is not a dream but a dream.
I'm the one for you, my love
My wonderful mother.

My dreams are full of you
This little head of mine has reached the sky.
If I see you, my sorrows will go away.
Your love is beautiful, kind mother.

My mother

My cradle rocked and never slept,
She doesn't sleep at night, and if she does, it's late.
Shows a smiley face and makes a cut
Be amazed, even a small bird.

When I first walked, she stood next to me,
She ran when I was sick.
All dreams and losses hit her heart,
As I got older, it got old.

Nechuk is a breed, I don't know,
I enjoy the love you give me.
Even though I am grown up, I am still a child.

I remember the memories.

She eats without eating, wears without wearing,
If I don't make you happy, my heart screams.
Give gifts, make your heart happy,
God willing, I will take you to Makkah.

My angel

She held my hand in primary school,
I was happy at that moment, this language is strange.
The teaching school is small,
We became together because of knowledge.

My mother is only with me
I learned to appreciate thanks to my mother.
My mother is the only one, my beautiful angel,
I'm a jealous blonde running around.

If he is happy, the world will remain lol
She freely gives us her love.
No one has this beauty of my mother,
My mother is dear to me, my heart is full.

When I speak my poems, my tongue opens up,
Even a nightingale sings when it sees Jamolin.
No matter what, my mother is unique.
Her words are sweet and brilliant.

Mom

My eyes are pearls, my heart is pure,
My happiness is spring, my word is blue.
I admire you, beautiful mother,
May you always be healthy and happy.

How kind, how beloved,
Even the moon is sunset for me.
Mom, you are the only one in the world.
You are a gem that no one else could find.

When your face smiles, the world lights up
If you give kindness, the world will be happy.
Takes all the damage to the heart,
She is full of sweet joy from what he said.

Always be healthy, never get sick,

You don't see anything, a thousand and one pains, woes.
My mother is beautiful and beautiful,
The example of what you said is honey

Heaven!!!

She opens his heart by saying sweet words,
She spreads his love for her child.
My Heavenly Mother, Immaculate Mother,
If you come, I'm on my doorstep.

When he speaks sweet words, my heart rejoices.
Even if I don't see it, my heart does.
When I listen to you, my heart is broken.
There is only one like it, one masterpiece.

Blooms like a flower
It is very delicate and sweet.
She laughs when I tell him a story.
My mother is one, like an angel.

I'm still surprised, give me your love,
I feel the magic of love.
My beautiful mother, such a beauty,
I can even be a stranger.

Careless mother...

I am a propeller around you,
I salute you, Immaculate Mother.
I will never forget what you smoked.
I'm scared, I won't stay, it's too late

My only mother, my only mother,
You don't have one, I'm a queen without you.
The angel of my heart, my only mother,
My body cries when I see you.

Thinking of our happiness, always thinking of you,
I'm always curious, which country are you in?
I am caring without you, kind without you,
You are calling for good.

I'm always in love with your beautiful face,
Without you, my beauty, I am full of love.
If beauty opens, I will not take my eyes off,
Fascinated is a word I can't always fill

Beautiful mother
The spring of my life, the owner of my heart,

The true owner of beautiful affections.
How shiny, how charming,
May be full of love, very innocent.

So that sorrows are far away from your heart,
Always cry and eat our sorrow.
You feed the heart with your love,
Whatever you do, mom, you like it.

My shining mother, my flawless mother,
I am the only one in the world.
I can't get enough of it, I'm sick of you
As if I am innocent, I am an example.

There is a lot of light from you,
You have a lot of mercy, you will give it.
Without polish, the spring of my happiness,
It won't be cold in the snow of winter

My dear

The darkness of my eyes, the devil of my words,
I love you so much.
I am motherly, innocent.
You are the only one, my dear.

Because healing to the heart, love,
I only saw infinite love from my mother.
Some don't have compassion for each other,
A heart-wrenching injury.

No one can give my mother's love,
I can't always rest at work.
When I ask for help, everyone is silent.
If you are looking for polish, I have polish.

She is not offended by her children,
Her eyes sparkle with tulips.
Ah, my mother, I am innocent,
She eats my sorrow, hey, I care.

Angel of my heart 💔

My only gift from God
It doesn't hurt children either.
I pray, not a drop of moisture,
All the affections are in it.

I am pleasantly surprised,
I think about your kindness.
I'm still getting a present for my mom.
I am still a child for my mother.

She will always protect me, as my mirror,
Don't sleep at night, eat my sorrows.
So caring, so munis,
A strange feeling spread from her.

The light of heaven is only in her,
My mom is amazing, she really is.
Angel of my heart, Immaculate Mother,
If she comes, my bright threshold

Mom... 💔

My pain, my care, my mother,
You are the only one in the world.
A wise friend sprinkles a thousand poisons,
She does not show any anger, anger.

"That's enough, baby"
It is very beautiful, my dear.
Very kind, loving,
This is definitely my most beautiful month.

My mother will come and open the window,
She caresses my face, spreading her love.
It's sturdy, my eyes lol, I'm surprised,
If she cries, her soul is destroyed.

I come to you, asking for a cure,
Asking for air in your arms.
Just a request from you,
Always smile, let this lip shine.

You look like spring my mother

A flower is not equal to its charm,
A nightingale sings when she sees him.
Spring expression is only in you,
All love is with you.

Immaculate, loving mother,
You are alone in the world, I am alone without you.
My heart is without light, my threshold is poreless,
You don't have one, I'm alone.

My life is springless, strange and beautiful,
I am unique, my words are sweet.
My heart breaks if I don't see you for a day.
I won't be calm unless I ask.

I'm tired, I'm beautiful when I see
I wish you good health always.
Moonless in my sky, bright and clear,

I love you, I'm lonely without you

Don't be sad!

I know life is hard,
Snow falls in everyone's life.
But my only mother
It will be beautiful my dear.

It breaks my heart to see you sad.
My tongue, which has never spoken, speaks sadly.
Don't worry, I can't take it
I will not stay in this cruel world anymore.

If your heart hurts, enemies, friends,
I will bring great storms.
Don't be sad, I can't stand it.
You are the most beautiful, my heart is full.

If she sprinkles poison, a person who believes,
Know that the heart does not like the place.
I don't think about you, dear,
It is an honor to be my mother.

My dear mother

I couldn't find someone as kind as you in the world,
You don't have any, you are more than everyone else.
My kind, innocent mother,
I look forward to your visit.

As soon as I saw it, my heart was excited.
Every word you say means a lot to me.
Angel of my heart, life with you
Every word you say belongs to me.

Without you, the world would be narrow,
She would leave without you, a trusted friend.
I know there are enemies in this world,
Anyway, I'll be happy for you.

My love, my angel mother,
You don't have one, I'm the only one.
There is no sleep at night, without you, my roommate,
I love you, my angel mother.

Dear mother

You will be appreciated, even if you are not.
Without you, it's a trip.
I am alone, my dear mother,
If I'm with you, I'm on my doorstep.

Without you, spring will be winter,
I say that you don't see, worry in life.
My heart rejoices when I see you
A nightingale sings happily in my garden.

You didn't miss a rich boy,
From a small tulip growing in the garden.
You yourself are a great example.
You are a matchless dice in the world.

My bright sun, my moon in the sky,
I am caring and loving.
A cup of tea without you
I can't find a place without you.

You are a unique mother...

I saw many people, many unfaithful,
I saw a lot of pain from many people.
But you were by my side, my only mother,
When you come, it shines, I'm a stranger.

You are always in my heart, it's hard to forget
The more I think about it, the more I miss it.
If you are there, the winds will blow softly,
Losing you is painful, very difficult.

Someone sells each other for wealth,
My heart breaks when I see the unfaithful.
I still love you in my heart
Friends shoot a thousand and one shots to knock them down.

Only you are next to me, the other is a dream,
No one has faith left.
I will never find a cure for pain,
I will die for you, I will give my life.

Great moms...

These cruel worlds are originally five days old,
We know mothers, it's the season of love.
A mother's arms are full of love,
An example of mothers feeling beautiful is the moon.

Hey, moms, why are you like this?
You are very beautiful, like a flower.
This world will get a lot of light from your love,
We take comfort in your warm embrace.

If we don't have luck, we lose friends.
If he walks behind me doing things.
You will be our medicine, pat our heads,
Asking God for medicine.

You open your arms and look sad,
If we eat cold, sometimes you light a bonfire.
There is no one like you, incomparable mother,
I will be in the ocean of your mercy.

My friemdly mother

You look sad with your beautiful eyes,
You will love this cold heart.
Your words "excellent girl" warm my heart.
I look at your face without seeing anything else.

My mother is my soul, my heaven is my mother,
There is no one like you, I am alone without you.
If you take a step, I will bloom
You are one in the world, you are one.

An example of a lifetime is a river,
A year's life is like a day.
I will protect you in this five-day world,
If I'm wrong, I'm sorry, stupid girl.

You have long hair
Don't be ashamed, you black hair.
I love you, don't forget that
You are the only one, remember that.

I'm only with you my mother

First of all, I bow to you,
If I please you, I will achieve my dream.
Dearest of all, my heavenly mother,
I am alone without you, my beautiful roommate.

If I don't understand while I'm teaching,
If I get the job with small steps.

Immaculate, loving self,
Dil likes every word you say.

Without my first teacher, with bright eyes,
You are very beautiful, your face is shiny.
Take my hand and teach me knowledge,
All this knowledge is embodied in you.

How beautiful you are, so charming
There is an incomparable friend.
My mother, my loving mother,
You are alone, lonely.

My own pain

What I called a friend turned out to be an enemy.
Now I'm writhing in agony.
But then my mother comes,
It will be day and night, I'll be fine.

Everyone laughs at me, calling me an immature poet,
At this moment, I'm thinking, eat a lot.
That's when my mother comes,
She always eats to comfort me.

Always gets up early, works hard,

Where does this tenacity come from, I just wonder.
Her mercy knows no bounds, She is so kind.
I'm always ready, I'm always giving.

Pure in heart, clear in example,
Her words are sweet, her words are pure.
Angel of my heart, Immaculate Mother,
She finds a way to hearts, she is the only one.

My charmer

Amazingly beautiful flower beds,
Lol will stay even, sweet springs.
Even if he betrays these friends,
I am the only one, my mother loves me.

The angel of my heart, the light of my dream,
As long as it looks good, it's my heart's content.
They threw treason stones at my head,
They did bad things and fell into sins.

But I have a better friend

I have a light by my side in good and bad days.
My mother is a wonderful person, the most beautiful of all,
She always has an open heart, and her words are sweet.

I am always fascinated by your beautiful mood.
I can't say a word, I'm always sad.
I love you, my innocent
I can't match you, my friend

Loving mother

My heart is pure, words are honey,
I am sick if I don't love you.
The light shines from your face, my beautiful mother,
Every time you come, I will be a stranger.

You are alone in my heart, I am alone,
You don't have one, I'm alone without you.
Be happy, be healthy, be happy again,
I wish you good luck.

The sun is ashamed of your beauty,
Please forgive me, it's a strange situation.

Reverend mother, munisim mother,
You are different, in the beginning.
My dear person, my words are gentle,
You are an example in heaven, my dear.
Where you are is my favorite place
Very kind, loving.

The light of my heart

Without the light of my heart, the presence of my heart,
You are the only one, shiny one.
My Heavenly Mother, Immaculate Mother,
My wonderful, ordinary threshold shines.

Take away the pain of my heart, mother,
Give me a drink of love, mother.
Forgive me if I am guilty, mother.
Fly the bird of happiness beautiful mother.

My little Paradise under your feet,
Priceless, my country.
You will always turn off my little darkness,
Do not destroy, my strong hatred

The one who is incomparable, arrogant,
All your lessons are for me.

I'm sorry for your love
I will be glad to go to you.

Lonely mother

You don't understand my pain, except you.
Some people are difficult, say a word.
The evil ones make my heart rumble,
The flawless autumns seem boring

But I'm alone, I remember
She will be charmed by her sweet voice.
My dear mother, I am an angel without you,
You don't have one, I'm blonde.

Though the unfaithful hardly weep,
I believe in me, I have a munisgin.
There is only one mother in my heart,
Very kind, she is the only one.

She always cries "don't cry"
Think about our worries and always eat yourself.
She opens his heart and spreads her love.
If you say thank you, she will run away in shame.

My mother

They say that a mother is a friend to a girl.
Let me tell you that this word is true.
Thank you munisim mom,
You are always working and not doing much.

Even though he was tired, he never showed it.
No one has any damage.
She opens his heart saying "my child"
Very kind, spreads love.

Shares my pain, shows the way,
She helps and lends a hand.
They won't hit me if I make a mistake.
She never fails to work hard.

I'm so shiny, so flawless
It's sweet with you.
Angel of my heart, munisim mother,
I am one without you, like a legend.

My heavenly mother

Your heart is pure, your example is a gem,

I appreciate your kindness.
Immaculate, kind and inimitable,
Your face is soft, your skin is shiny.

If I write a poem, I will dedicate it to you,
I will still take it to Makkah
You are charming, you are kind,
I love you, my mother.

She knows my pain, my heart rejoices,
She reaches the world with sweet words.
There is no reason for anger in her
I am always disappointed.

My heavenly mother, my only one,
It's beautiful with you, I'm a stranger.
Be happy, always healthy,
Devoted to you, even sweet soul.

My beautiful...

My eyes fall on you more and more,
You will always be missed my sweet words.
Good luck lol
Sweet words, so beautiful.

You will listen to my pains, you will find a cure,
Even if I have faults, you will close quickly.
Even if I tell you my secrets, you won't reveal them.
You are beautiful, you are brilliant.

Even if I don't have enough breath, I'm my own air,
When my heart desires a song, I sing beautifully.
Other than yourself, there will be a lie,
Conscience wants to suffer.

My heart can't stand without you
I wish mothers could live forever.
My heart can't be happy without you
My heart says it will be without you.

Mom

If I read books, you became my fan.
Reread each of my poems.
If you don't believe me, tell me
My heart aches for every sweet word.

You know my problems,

Happy autumn.
You will never understand my pain
The nights spent without my mother are endless.

You always look for a cure for my pain,
You will never see evil.
You are the air of my life,
Your sweet words are wonderful.

When you hear my pain, you cry yum-yum
It was as if I had been sentenced to death.
But you are always by my side,
Without a beautiful spring in my life.

Pain medicine

Am I near or far?
She opens his hand, although on the shore.
My happiness is always in prayer,
My throne will be the place where my mother stepped.

Whether it's hard or easy,
Sacrifice for his child.
I wanted loyalty and found it in you,
I closed your beautiful name in my heart.

Even if I'm in pain, I'm awake at night,
It is very beautiful, very charming.
I want my medicine, but I don't get it,
Who else will be, tell me who.

Who doesn't mean like my mother.
The hand of betrayal is unbearable for me.
I go to you for my medicine,
It doesn't matter if I'm black or white...

Oh, my mother...

The moon in the sky looks in wonder,
Even if I'm cold, he will love me.
There was no paper left to write his love,
The treacherous friend did not take the book.

I am happy with life because I have a mother,
It's difficult for those who say I'm here.
Thank you, my dear,
My soul is devoted to my mother.

She has a tender heart, she is gentle,
My mother's place is my place.
Oh, my mother, oh my love,

You are my teacher, you are my scholar.

I have never found a person like you.
I did not remember the pains I saw.
When I ask for help, everyone is silent.
I am the embodiment of the love of the world.

www.ingramcontent.com/pod-product-compliance
Lightning Source LLC
LaVergne TN
LVHW010607070526
838199LV00063BA/5100

9789358726831